D1721058

Neunundneunzig Liebesgedichte

Liebesgedichte sind als literarische Gattung nicht neu – doch Richard Bletschacher findet treffsicher Worte, die bewegen – ja, zuweilen die Augen feucht werden lassen: Über ein halbes Jahrhundert erstreckt sich die Entstehungszeit, von der Gefühlswelt eines sehr jungen Mannes über die Reife des Lebens bis zur Abgeklärtheit der späten Jahre.

Traditionelle Formen wie das Sonett oder die Stanze werden mit heutigem Leben erfüllt, im Gegenzug freie Rhythmen mit Sequenzen, die an die Ewigkeit rühren … Stationen eines Lebens, in dem die Liebe – wie auch anders? – nicht frei war von Dornen und Stacheln, in dem aus Tränen Momente der Beglücktheit neu erstiegen, in dem sich die Kratzer auf der Haut zu einem Narbenmuster, zu einer Arabeske der Zweisamkeit bildeten.

Wenn Worte und Sätze fähig werden, Gefühlen nachzuspüren in all ihren Tiefen und Unwägbarkeiten, dann sind diese Gedichte von Richard Bletschacher Wegweiser und Wegbegleiter zu sich selbst und vielleicht zu bisher nicht Erkanntem und Eingestandenem.

Richard Bletschacher, geboren 1936 in Füssen am Lech, studierte Rechtswissenschaften, Philosophie und Theater- und Musikwissenschaft, wirkte 37 Jahre als Regisseur und Chefdramaturg an der Staatsoper, war ORF-Mitarbeiter, Lehrbeauftragter am Reinhardt-Seminar und an der Opernklasse der Hochschule für Musik und Darstellende Kunst Wien, erhielt zahlreiche Preise und verfasste und übersetzte bisher fast 40 Operntexte, Schauspiele, Lyrikbände, Erzählungen, Kinderbücher und musikwissenschaftliche Werke.

Heute ist er ausschließlich Schriftsteller und Maler und lebt und arbeitet in Wien und Drosendorf an der Thaya.

Richard Bletschacher

Neunundneunzig
Liebesgedichte

EDITION RESNER
artesLiteratur

Titelbild: Zeichnung von
Richard Bletschacher (©)

Gefördert durch
das Land Niederösterreich

KULTUR
NIEDERÖSTERREICH

und das Bundeskanzleramt

BUNDESKANZLERAMT ▪ ÖSTERREICH

KUNST

Erste Auflage
© 2015 by EDITION ROESNER
Krems an der Donau
Im Lektorat:
Priv.-Doz. Mag. Dr. Maria-Christine Leitgeb
Covergestaltung und Bildbearbeitung:
Jürgen Dorn
Druck: Theiss GmbH, Österreich

Alle Rechte vorbehalten
ISBN 978-3-902300-97-3

www.edition-roesner.at

Inhalt

Liebeslied
1956

Ich liebe dich
so wie das Meer den Himmel
den tiefen blauen Raum
und in mir wächst die Liebe
wie ein Korallenbaum
so lieb' ich dich

ich wein' um dich
nur eben weil der Regen
da draußen niederfällt
die Pappelblätter schimmern
nur eben weil er fällt
so weine ich

Sonett
1956

Ach was beginn' ich mit den Jahren
die mir das Schicksal zugedacht
das Licht des Glücks hab ich erfahren
nun geht die Reise in die Nacht

was mach' ich nun aus diesem Leben
das trauervoll vorüberfließt
nichts sonst vermag ich zu erstreben
als dort zu sein wo du jetzt bist

mir wird kein Trost in diesen Tagen
zur Qual wird mir die träge Zeit
wie soll die Stunden ich ertragen
die mich noch trennen von der Ewigkeit

der Lärm der Welt wird mich betäuben
und ich werd' ihn gelähmt beschreiben

Du
1958

Bin ich mit dir allein
so weiß ich ein tiefes Geheimnis
geh'n wir unter die Menschen
entgleitet es mir
und zum Angesicht wird es mir wieder

du
du stehst hinter deinen Worten
wie das Metall hinter'm Glase des Spiegels
du
du gehst mir durch Wachen und Traum
so wie durch eine Flucht von Zimmern

du
du rührst mir ins Mark

Aprèslude auf einen
Sommer im Süden
1958

Mandelblütenstaub
ein Wind durch den Jasmin
aus dem errötenden Laub
siehst du die Sonne hinzieh'n

hast ein Gewand aus meinen Küssen
und willst vor dem Tag dich bedecken
das Meer zerschmilzt an deinen Füßen
wie kann dich der Morgen erschrecken

Märzmädchen
1958

I

Du bist wie die Erde im März
auf den Feldern liegt noch der Schnee
im Verborgenen aber
unter dem Schatten der Sträucher
blüht es augendunkel herauf

schau' doch der Mandelbaum
blüht nur zwei Tage
und wenn es hoch kommt
schont der Wind die Kirschen
zwei Tage mehr

II

Vor einem Jahr da ist der Flieder
mit tausend Kerzen plötzlich aufgeglommen
solch eine weiße Nacht ist heute wieder
und weicht sie muss der Frühling kommen

so wirst auch du in einer solchen Nacht
den Brunnen deiner Seele auftun müssen
bestürzt berauscht von deiner eignen Macht
erwachst und stirbst du an den gleichen Küssen

Begegnung
1960

Wir trafen uns um zu vergessen
und einst mit leichtem Sinn zu scheiden

doch was geschah mit uns stattdessen
warum begannen wir zu leiden

wir haben nie etwas besessen
zu vieles wollten wir vermeiden

wir trennten uns um zu vergessen
und leicht ist keiner von uns beiden

Solfeggio
1960

Kühlende Ruh auf grünem Pfühle
kühlgrüner Ruhepfühl

wie bin ich müde der Gefühle
und voller Vorgefühl

vorbei an Mond und Mühle
wir treiben ohne Ziel

du schlummerst und ich spüle
dein Haar im Sterngewühl

ruh' aus vom süßen Spiele
ruh' aus zu neuem Spiel

Rondo der Zeit

1961

Weißt du noch damals
gingst du vorüber
weißt du es noch

siehst du nun heute
sind wir beisammen
siehst du es nun

ahnst du wie bald schon
trennt uns das Leben
ahnst du es schon

weißt du es noch
siehst du es nun
ahnst du es schon

Die Fata Morgana des Fremdenlegionärs
1961

Glänzender als Liguster
und weißer ist deine Haut
als die Zähne der
oasenäugigen Odalisken
kühl wie gefror'ner Champagner
    Fata Morgana

du in asiatischen Gärten
an Springbrunnen gelehnt
ermattet von Liebesspielen
der Musicbox überdrüssig
und flüsternde Interviews gewährend
    Fata Morgana

all meine Wünsche sind
auf dem Wege zu dir
durch die flirrende Wüste
unterm Strafgericht der sengenden Sonne
zwischen Sandvipern und Tretminen
von deinem Lächeln im Kreis geführt
    Fata Morgana

im schimmernden Saumzeug
seh' ich deine Brüste tanzen
wenn aus dem Schatten der Sykomore
du in den Schatten der Tamariske trittst
genießerisch auf gestickten Sandalen
eine Spur von Sand zwischen den Zehen
und je eine Schweißperle auf jedem Nasenflügel
　　Fata Morgana

leer sind meine Schläuche und Cola-Flaschen
und die sandwunden Augen
kann ich nicht schließen
mein Jeep ist ohne Benzin
aber mein Herz will von der Hoffnung nicht lassen
wenn mich die sengende Sonne verschont
zerstört mich dein Lächeln von innen
　　Fata Morgana

deine Photographie Odaliske
ist das letzte von meinen Papieren
das ich nicht fallen lasse mit meiner Jacke
was nützt mir nun aber die Seifenreklame
da ich kein Wasser finde ringsum
was nützt mir dein Zauber
da mir die Augäpfel verdorren
und meine Lippen zerspringen
wie der Rand einer leeren Zisterne
Fata Morgana

Hatschepsut

1961

Deine Sänfte schaukelt
wie ein Nachen
über glatte Rücken schwarzer Sklaven
ihren Blicken unerreichbar

schlafend zwischen den Schwalben
schwamm ich zu dir
im Kometenschweif deiner Haare
glotzäugig von Sternquallen bestaunt
treiben wir schweigend nachtaufwärts
und uns're Spur füllt
der Milchstraßennebel

bis wir zuletzt auf einem Atoll
mitten im großen Zeichen des Drachens
hinsinken
blind und alleinsam

Variationen auf ein
altägyptisches Thema

Die Zeilen 10 und 8 entstammen einem
altägyptischen Fragment
1961

Deine Stimme hören
macht dass ich nicht Schlaf finde
bei Nacht

deinen Duft riechen
ist besser als Opfergerüche ausgießen
im Hof

deinen Atem schmecken
ist süßer als Speise und Trank nehmen
vom Tisch

dich ansehen
macht dass ich arm werde und einsamer
bei Tag

dich fühlen aber
gibt mir die verlorene Welt wieder
und mehr

Aus vergessenen Tagen
1961

Weiß ich noch deinen Namen
und die Stadt und das Jahr
wie wir zusammen kamen
und warum alles so war

eines weiß ich für immer
ist mir viel auch entfallen
aus deinen Augen der Schimmer
macht mich einsam bei allen

süß war was du mir schenktest
bitter was je ich gekannt
süß war womit du mich tränktest
bis die Bitternis schwand

Tauschgeschäfte
1962

Nimm dir meine Strümpfe
schenk mir deine Zeit

leih mir deinen Namen
und behalt mein Kleid

für zwei himmlische Stunden
gib den Rest deiner Jahre

ich will meiner Haut mich nicht wehren
nur lass auch du ein paar Haare

für dein Tagewerk würd' ich
dir meine Nächte geben

und für einen schmalen Ring
ein Wegrecht durch mein Leben

Souvenirs
1962

Nichts als einer von uns beiden
wenn sich Tag und Nacht vergleichen
Souvenir von Sonnenseligkeiten
mit den Schwalben wird auch das entweichen

nichts als solch ein Wimpel Bläue
wenn die Nebelfäden ziehen
Souvenir von unverdienter Treue
mit den Schwalben wird auch das entfliehen

nichts als was ich längst vergessen
wenn ich je etwas verstand
Souvenir von nie und währenddessen
mit den Schwalben wechselt es das Land

Hvarenser Meerlieder
1962

I
Abends fährst du hinaus
zum Fischzug aufs Meer
abends wäre die Zeit
Bessres zu fangen an Land

nicht mit der Lampe
wie glitschige Fische
willst du mich fassen
so lösche sie aus

II

Schmutzig kommst du morgens heim
solang der Himmel noch weiß ist

aufgeschreckt hat mich dein Schritt
eh' die Zikaden mich weckten

warmes Wasser hab' ich nicht
ich wasch' dich drunten am Meer

weiche Seife hab' ich nicht
ich wasch' dich weiß mit dem Sand

harte Bürsten hab' ich nicht
ich wasch' dich mit meinen Händen

III
Gewölbe der Nacht
darinnen die Sterne

Zeichen der Sterne
darunter das Meer

Fläche des Meers
darauf mein Boot

Schale des Boots
darin meine Augen

Fünf Uhr früh
1963

Gardinensegel
in der Morgenbrise
gekalkte Zimmerwände
ein Wasserglas
ein Stängel weißer Flieder
Leintücher
frisch gestärkt
am ober'n Saum die Mahagoni-Augen
am unter'n Saum lackierte Zehen
und unterm Bett
steh'n meine Schuh

so denk' ich
unterwegs nach Haus
was kümmern mich die Zeitungsträger
die Bäcker und die Straßenbahn
und auf dem Marktplatz die Zitronen

Der Manzanillabaum
1963

Man sagt der Manzanillabaum
der blühe kurz und fieberrot
mit Düften die das Hirn betäuben
man atmet sie und fällt in Traum
ein süßer Wahn zwingt alles Sträuben
dem folgt der Schlaf und dem der Tod

man sagt auch du seist solch ein Weib
an dem man lernt den Tod genießen
an deine Fieberblütenbrüste
und deinen wundervollen Leib
verliert man sich in Lust als müsste
man seine Seele in dich gießen

Das babylonische Mädchen

Die ersten beiden Zeilen entstammen einem
babylonisches Fragment
1964

Ein Mädchen führte ich nach Haus'
ihr Herz war wie ein Saitenspiel
die Augen grün wie jener Stein
in dem der gute Zauber wohnt

da du so krank liegst lieber Freund
send' ich sie dir auf ein paar Tage
ruh bei ihr aus und lass' sie reden
mit ihren Lippen macht sie dich gesund

doch wenn du wieder bist wie einst
denk auch an mich und lass' mich nicht
krank werden oder einsam liegen
schick mir das Mädchen bald zurück

Augenblicke
1964

Durch die Zweige der Espe
schauen wir himmelwärts
über uns reden die Blätter
in uns redet das Herz

sonnen- und schattengesprenkelt
ist dein liebes Gesicht
Wind mischt sich Blätterspiele
zwischen dir und dem Licht

bald ist die Wolke verwandelt
zu der wir aufgeblickt
bald hat das Gras sich erhoben
das wir niedergedrückt

Quelle
1964

Da deine Lippen sich
meinen Lippen geschwistern
Lippenblüten
Blutgeheimnisse flüstern

Mädchen sag' mir
wie bist du entsprungen
aus diesem Morgen
quellkühl und gottgelungen

Gangsterbrautlied
1965

Muss uns're Liebe so enden
gab's keinen besseren Schluss
als zwei Ringe an zwei Händen
eine Predigt und einen Kuss

hätt' es nicht enden können
in einem schlechten Hotel
mit Flüchen Prügeln und Tränen
süß grausam und schnell

oder mit einem feuchten Messer
in einer schummrigen Bar
überall wäre es besser
als hier so vor dem Altar

Brief
1966

Meine Hände
entsinnen sich
unwillkürlich
der Linien deines Rückens

meine Augen
sehen dich
in andern Gesichtern
ich rede mit dir im Schlaf

komm doch

denn meine Schulter
trägt gern
das Gewicht deiner Stirn

und mein Spiegel
ist leer
ohne dein Lächeln

Das Vergiss-mein-doch-Lied
1967

Warum solltest du mich nicht vergessen
du vergisst dich ja selber zuweilen
unsere Liebe wird nicht gemessen
in ihrer Länge nach Stunden und Meilen

nicht nur Wunden und Narben sind Beweise
dass wir zwei einst am Leben waren
mehr als die Schreie zählt oft das Leise
und nicht jeder Kummer steht in Memoiren

nicht jede Träne wurde verfilmt in Farben
nicht jedes Lächeln kommt ins Archiv
und manche ewigen Gefühle starben
und liegen schon klaftertief

kein marmorner Engel steht an der Stelle
an der einmal ein Herz zerbrach
klinisch geseh'n war's eine Bagatelle
nicht wert dass man weint oder lacht

warum solltest du mich nicht vergessen
für immer oder auch nur zuweilen
wir haben einmal alles besessen
und das Glück besteht nicht aus mehreren
  Teilen

Das Bett der Bombe
1967

Heut' in der Sonntagmittagshitze
wenn man die Kinder heim zum Essen ruft
komm mit mir in den Bombenkrater
der tief genug ist um uns zu verbergen
vor Kirchengängern oder Kegelspielern

ich liege das Gesicht nach unten
in das grasgrüne Gras gepresst
du liegst die Sonne in den Augen
in einem Meer von Butterblumen
auf deinem Bauch tanzt ein Zitronenfalter

Licht ist um uns wie eine Daunendecke
hellblondes Sonntagmittagslicht
die Sonne füllt den Bombenkrater
das Bett der Bombe und das unsere
und des Jahrhunderts das wir drin vergessen

Epitaph
1967

Möge das Gras über deinem Gesicht
im Sommer nicht allzu wild blühen
und die Erde sei dir ohne Gewicht
was mich betrifft ich hab dir verziehen

denn der Wein wächst wie vor einem Jahr
als du noch lebtest hast du Wein getrunken
auch das Vergessene war einmal wahr
du bist nicht ganz verloren nur versunken

ich bin zu deiner Freude da gewesen
und konnte dich nie glücklich machen
nun da die Augen dir verwesen
erinn're ich mich an dein Lachen

Erinnerung an
einen vergangenen Sommer
1967

Ich denk' an vergangenen Sommer
dein Haar war damals noch blond
blond wie das Kornfeld in dem wir lagen
vom Sommerlicht durchsonnt

ich kann mich an nichts mehr erinnern
mein Herz schlug damals zu laut
nur an das Licht deiner Haare
und das Flimmern auf deiner Haut

so verrinnt die Zeit und der Regen
zwischen Gähnen und Vergnügen
nur eine goldblonde Stunde
bleibt in der Erinnerung liegen

Die Wege des Lichts
1967

Leg' deine Stirn an meine Stirne
und deine Hand auf meine Hände
verschüttet unter deinen Haaren
entfernen wir uns von den andern

wie längst verfallene Gestirne
mit ihren Strahlen nie das Ende
des letzten Himmels je erfahren
es gibt kein Sterben nur ein Wandern

Fremdwild
1968

Wildfremdes Geschöpf
die Fingerabdrücke auf deinem Hintern
machen Verbrecheralben erblassen
die Leberflecken auf deinem Leib
haben mehr Sterndeuter gefunden
als das Kreuz des Südens
und die Hände der Großwildjäger tauschen
    gern
ein Paar von Elefantenzähnen
gegen deine elfenbeinernen Schenkel

doch deine Augen sind glatt und feucht
wie der Brunnenspiegel
in einem sanften Kindermärchen
und auf ihrem Grunde ist mancher
Heimatlose schon erwacht
als läge er
auf einer schönen grünen Wiese

Die Kirschenesserin
1969

Ich seh' mein Mädchen Kirschen essen
davon ist ihr der Mund so rot
auf Kirschen ist sie ganz versessen
die Kirschenkerne unterdessen
die spuckt sie aus und tritt sie tot

sie schaut auf mich und aus dem Munde
rollt eine Kirsche ihr ins Kleid
die find't sie heut' zur Schlafensstunde
auf weißer Haut als eine rote Wunde
und denkt an mich für kurze Zeit

Lebenslicht
1970

Deine Schulterblätter zucken im Gras
du spürst die Tannenzapfen splittern
du hörst keine Bienen mehr summen

deine Augen spiegeln den Himmel
doch dein Blick gelangt nicht mehr hinaus
durch das offene Gitter der Wimpern

ein Feuerwerk von Wollust krepiert dir im
    Schoß
und weiße Glücksterne bringen Licht
in deine innersten Eingeweide

du hörst keine Bienen mehr summen
du hast deinen Namen vergessen
das Leben geht wetterleuchtend durch dich
    hindurch

Für dich
1970

Für dich hab' ich die ganze Welt gespiegelt
für dich hab' einen Himmel ich beflügelt

für dich hab' ich geblüht mit weißen Zweigen
durch deren Gitter nun die Sterne steigen

nun bist du fort nun schweigen alle Zungen
der Herbstwind klirrt der Spiegel ist
    zersprungen

Widmung
1971

Der du geboren wurdest
um zu lieben
und dereinst mit deinen Händen
die weißen Seiten glättest

denke an mich

der ich geboren wurde
um zu lieben
und einst mit meinen Händen
die schwarzen Zeichen schrieb

weiß und schwarz
sind Farben der Trauer

Einem Schwätzer
ins Ohr gesungen
1971

O sag' mir nicht
du könntest keine and're lieben
o sag' das nicht
hast du nicht gestern Abend erst
das Gleiche einer andern Frau geschrieben
und heut erinnerst du dich ihrer nicht

o sag' mir nur
dass du die andern kannst vergessen
das sag mir nur
vergiss' die Nummern ihres Telefons
und die privaten und Hotel-Adressen
das ist zwar viel gesagt doch sag es nur

ich hör' so gern
an meinem Ohr dich Unsinn reden
ich hör's so gern
doch sag' mir nicht dieselbe Lüg'
die du gelogen hast bei einer jeden
nur neu erfund'ne Lügen hör' ich gern

o geh' mit mir
noch einmal durch die Straßen
komm geh' mit mir
durch eine die auch du nicht kennst
und wenn wir morgen uns – o sag' jetzt nichts –
  verlassen
nenn' diese Straße wenn du willst nach mir

Landmädchen aus dem 19. Jahrhundert

Alexander Puschkin gewidmet

1972

Aufgewachsen bist du
im Schatten der Apfelbäume
erzogen wurdest du
von den Glocken der Dorfkirche
unterwiesen von uralten Liedern
und vorgestrigen Romanen

du hast das Staunen gelernt
unter dem Regenbogen
das Schaudern unter den Blitzen
der sommerlichen Gewitter
und das Schweigen
von den Stimmen im Gras

ausgeruht ist deine Seele
von langen Winterabenden
ruhig sind deine Augen
vom Zählen der Sterne
und vom Sonnenlicht
warm ist dein Herz

Fahrpläne Adressen und Wechselkurse
ändern sich mitten im Jahr
aber wer alles weiß
braucht nicht vieles zu wissen
wenn du eine Frage bejahst
sind alle andern Fragen vergessen

Augenzauber

1973

In meinen Händen dein Gesicht
so kostbar und so zerbrechlich
von Trauer so schwer so leicht von Gewicht
ich liebe dich unaussprechlich

wie über den Wangenhügeln
dir die Lichter der Augen scheinen
verebbt an den Nasenflügeln
ein längst vergessenes Weinen

alles Reden ist Lüge
antworte mit einem Lächeln
wenn meine Atemzüge
dir um die Schläfen fächeln

lass' meine Lippen sich senken
auf deinen atmenden Mund
und meine Seele sich tränken
von deiner Seele Grund

Winterängste

1975

Wie ich heut' morgen im Hof
die Wäsche abnehmen will
seh' ich sie ist über Nacht
an die Leine gefroren

ich hauche in meine Hände
und denke wie du
nun schon unterwegs bist
auf deinem uralten Fahrrad

die gefütterten Handschuhe
an der eisigen Stange
und eine warme Wolke
von Atem vor deinem Mund

Gott und die Wirtschaftskapitäne
mögen uns lang das Feuer erhalten
das meinen Herd und den Fabrikschlot
tagtäglich zum Rauchen bringen

damit unsere Liebe nicht kalt wird
und uns das gefrorene Leintuch
auftauen muss unterm Leib
wenn wir beisammen liegen

Erlösung
1976

Nicht die Last des Leibs mehr dulden
seine Segnungen empfangen
in der heimlichsten der Mulden
eingeschlossen und umfangen

lieben ohne Ziel und Grenzen
du und ich wir sind vergangen
um einander zu ergänzen
und Verlangen stillt Verlangen

die erlöst indem sie bindet
Liebe hat sich ausgegossen
Leben quillt und schwillt und schwindet
aufgefangen und umschlossen

Der Fluss
1976

Zwischen gebleichten Kieselbänken
lag der Fluss regungslos
und seine Fische starben

er lag nicht anders als ich liege
seit jenem Tag an dem ich wusste
du hattest mich verlassen

nun aber lächeln die Ufer
mit springenden Silberfischen
spielt das lebendige Wasser

denn du bist über Nacht
wie vom Himmel der Regen
erquickend gekommen

und füllst meine Quellen
mit seliger sonnenspiegelnder
überströmender Gegenwart

Mit den Augen in Vrbnik
1976

Du mit deinen Goldsandalen
sitzt auf der Mauer am Kirchplatz
die Hände unter den Schenkeln
baumelst die Beine und lächelst
in Gedanken verloren
hinüber nach Vrbnik am Meer

du mit den lackierten Zehen
lüpf' deine Sonnenbrille
schenk' mir nur ein solches Lächeln
dann lös' ich mein Boot von der Mole
und rud're dich ohne zu reden
hinüber nach Vrbnik am Meer

du mit deinen braunen Beinen
auf halbem Weg wird es Nacht
auf dem riesigen Leintuch des Wassers
und wie Lampions in der Bura
schwanken um unseren Bootsrand
die Lichter von Vrbnik am Meer

Abschied

1976

Als du zu mir kamst
gab ich dir zu essen
nun da du fortgehst
trink' aus meinem Glas

ich ahnte damals
nichts von deinem Kummer
und frag' auch heute
nicht warum du gehst

du magst in fremden
Flüssen Goldsand finden
Goldadern in dem
Stein auf dem du schläfst

und wenn du lange
unterwegs bist triffst du
vielleicht den Baum der
nur im Winter blüht

doch Brot und Wein und
Liebe wie die meine
musst du erbitten
von Geduldigen

denn du bist ruhlos
wie die Flügelfeder
die erst im Fluge
sich entspannt und ruht

Drossellied
1977

Im Stechginsterbusche
auf wippenden Zweigen
wer bist du
wer bist du
der Locklieder singt
zu scheu bist du Vogel
um dich meinen Augen zu zeigen
verbirgst dich
verbirgst dich
von Dornen umringt

    du fürchtest dich Drossel
    ich könnte dich fassen
    und lockst deine Liebste
    weil sie dich verlassen

      versuche
      versuche
      versuch' ob's gelingt

im kühlenden Schatten
des Haselstrauchs liegen
wir beide
wir beide
und lauschen dem Lied
zu scheu bist du Mädchen
dich mir in die Arme zu schmiegen
und weißt doch
und weißt doch
dass niemand uns sieht

was fürchtest du Liebste
dein Glück zu umfassen
musst endlich dem Frühling
den Willen doch lassen

lass' endlich
lass' endlich
gescheh'n was geschieht

Die Schwalbe
1977

Vor dem offenen Fenster
sitz' ich und schreibe an dich
eine Motorradstimme verliert sich
summend durch die Allee

plötzlich wirft mir der Sommer
eine lebendige Schwalbe ins Zimmer
in hellem Schrecken flattert mein Herz
mir rauscht das Blut in den Ohren

jäh heb' ich den Kopf und atme
als könnt' ich die Mauern aufsprengen
dann bin ich wieder allein
in meinem Zimmer und schreibe

fürchte Geliebte dich nicht
vor meinen Armen
ich freue mich dass du lebst
und folge dir fern mit den Augen

Unterirdische Quelle
1978

Unsichtbar im Dunkeln und klar
nährt die verborgene Quelle
Narzissenwiesen und Nesseln

so tränkt die Liebe zu dir
du süßes sanftschenkliges Mädchen
mein Tagwerk und meine Träume

ein nie versiegendes Strömen
von Wassern des Himmels gespeist
einst kommt es schimmernd ans Licht

wo alles Fließen erlischt
werden im Weltmeer des Todes
wir traumlos und tatenlos ruh'n

Lichtblick
1978

Das Seidenfutter
deines dunklen Kleides
gleitet dir knisternd
rasch von den Schultern
zögernd über die Hüften

eine glänzende Viper
unter den Spitzen deiner Schuhe
verzuckt silbern der Reißverschluss
blutdunkel glosen
die Brombeeren auf deinen Brüsten

Glücksaugenblicke
reglos erlitten eh' über mir
das Blüten- und Dornengestrüpp
deiner Liebkosungen
hellauf zusammenschlägt

Phantomschmerzen
1978

Im Blutbaum wütet mir das Fieber
mein Herzvogel schreit
unhörbare Klagelieder

du galoppierst mir noch immer
gestreckten Leibs
durch die Eingeweide

vergessen kann ich dich nie
auch wenn es Herbst wird in mir
und meine Augäpfel faulen

zerfallen ist ach
der Leuchtturm meines Glücks
Nacht wird es unter den Klippen

Nocturne
1978

Über'm Flaum deines Nackens
schließt der Reißverschluss
seine silbernen Zähne

in den letzten Rillen der Platte
versickert das Klavierspiel
eines toten Mannes im Frack

Nachtnebel quellen aus den Büschen
und saugen das Licht der Lampe
von unserem Fenster

Lastwagen lärmen leis
in großer Ferne
ein fremdes Kind greint im Schlaf

deine Silhouette und ich
wir warten noch immer
nichts wird sich ändern

ich hör' dich mit Tränensplittern
trostlose Figuren schneiden
aus der Stille der Nacht

Bei dir
1979

Angelockt von deinen
nach Brot duftenden Händen
hungrig an deinem Tisch
durstend nach deiner Liebe

sitze ich nun und wage
nicht mehr zu reden
unter dem alles stillenden
Schein deiner Augen

wie in der Stube meiner Kindheit
bin ich in deiner Güte zu Haus

Letzte Nachricht
1980

Herbstlaub aus deinem Garten
treibt mir der Abendwind
gegen die Fensterscheiben
die längst geschlossen sind

lange wollt' ich noch warten
wenn ich dich lebend wüsst'
aber die Blätter schreiben
dass du gestorben bist

Liebeslust
1983

Heb' dich auf Zehenspitzen
meinen Lippen entgegen
mit deinem Kuss mich zu laben

bring' das betäubende Öl
mir in den Schalen
deiner Schlüsselbeingruben

dein augenerleuchtetes Antlitz
fällt auf den Rabenflügeln
deiner Locken über mich her

von der gestrafften Sehne
schnellt die Harpune der Lust
und verzuckend lieg' ich gefangen

Falkenlied

Frei nach Heinrich von Mügeln
1984

Mein Falke ist mir entflogen
er hat seine Flügel gespannt
den ich mir lange Zeit gezogen
den hält nun eine fremde Hand

ich habe der Liebe Fessel
zu locker und leicht ihm gelassen
die Reu' brennt mich wie eine Nessel
wie soll ich den Flüchtigen fassen

ich hoffe er kehrt mir wieder
auch wenn er weit umherschweift
ich kenn' ihn an seinem Gefieder
auch wenn er die Schelle abstreift

was nützt mir nun Schloss und Riegel
und was mein Falkenschlag
mein Falke spreitet die Flügel
und fliegt wohin er mag

Abschiedszeilen
1984

Kurze Weil und lange Freuden
hast du oft bei mir genossen
Hand und Aug' auf mir zu weiden
hat dich keine Stund' verdrossen

doch nun find' ich deine Zeilen
unter meinem Daunenkissen
musstest dich wohl sehr beeilen
und wirst mich doch bald vermissen

Taglied
1984

Nun wachet auf es gehet an den Morgen
lang hab' ich euch bewahrt von Sorgen

und euch umschlungen schlafen lassen
nun will der letzte Stern verblassen

versunken ist der Große Wagen
der Morgen graut bald wird es tagen

Morgenlied
1984

Süß ist die Stimme des Kuckucks
der auf den Apfelbaumzweigen
in meinem Obstgarten ruft
    schlafe mein Liebster
    schlafe ruh' aus

zart ist am Morgen die Sonne
die schon mit rosiger Zunge
über das Fensterglas streift
    schlafe mein Liebster
    schlafe ruh' aus

denn meine Seele ist glücklich
so wie das Gras in der Wiese
wenn nachts der Tau es erquickt
    schlafe mein Liebster
    schlafe ruh' aus

Frauenliebe
1985

Noch einmal und immer aufs Neue
blüht mir der Strauch des Gefühls
ich bin in Freude gekleidet
in das kostbar geknüpfte
Netz der Liebkosungen schwer
behangen von deinen Küssen
gesegneten Leibs
unter dem Kronreif der Liebe

halte mich fest im Taumel
zwischen Vergeh'n und Erwachen
hülle mich Liebster
in deinen mächtigen Mantel
denn so wie ich nun
durch deine bloße Berührung
geheilt und verwandelt wurde
bin ich dein eigen

Giustina

Auf ein Gemälde des Moretto da Brescia
1986

Im Schutz deines Mantels Giustina
gedeihen die Blumen scheu
aus den Fängen der Wildnis
flüchtet das Einhorn und schmiegt
die tödliche Waffe dir in den Schoß

du aber senkst die Augen
arglos über dem bärtigen Mann
der auf Knien vor dir liegt
und siehst ihn doch nicht
den Fremden den lang dir vertrauten

spürst auch die zärtliche Hand
des Malers nicht auf den Wangen
sehnst dich nicht nach fernen Gebirgen
denn lächelnd bist du Giustina
in der Obhut der Keuschheit geborgen

An eine Unbekannte
1986

Dich recht zu lieben
tausend Arme wie Senju Kannon
der Gott müsste ich haben

auch sind mir Lippen
Nüstern und Augen
niemals genug

um all deine Süße
du Namenlose
zu schmecken

und doch bist du unter
zehntausend verwehenden Blüten
nur eine im Wind

Der Kentaur
1987

An den blauen Gestaden
des Traumes höre ich meinen
gedämpften Hufschlag ertönen

wohin nur reitest du Frau
zwischen zwei Dämmerungen
durch Ebben und Fluten auf mir

lächle nur mit den Feenaugen
wenn die Dünen des Strandes
unter den Hufen mir schwinden

wenn du mit rosiger Zunge
das Salz von den Augen mir leckst
zerspreng ich erwachend die Zügel

Atempause

1987

Das Antlitz gezeichnet
von Freude
die Glieder verfangen
im Netz der Liebkosung
all überall glänzend
von meinen Küssen
entlass' ich dich Liebste

zwei Herzschläge lang
um Atem zu schöpfen
denn noch gibt es
gar manches Wunder
gemeinsam zu wirken
bleibt auch am Ende
nur Stückwerk unsere stets
aufs neu begonnene Liebe

Kypris Anadyomene
1989

In Kypros ruhte sie aus
Aphrodite
im paphischen Hain
die Freundin des Lächelns
und die Chariten
wuschen ihr das grobe
Gelächter vom Leib
salbten die goldenen Hüften
und kleideten sie
in keusch duftende Tücher

und als sie ihr
den geborstenen Gürtel
wieder schlangen um
die unsterblichen Lenden
da dachte sie lächelnd
an den von Hephaistos Netzen
geschundenen Ares
und dankte ihm
für die geglückte Umarmung

Für Mirjana
1992

In Chorazar gibt ein Mann so les' ich
seine Frau ihrem Vater zurück
nicht wenn sie kein Geld in die Ehe bringt
nicht wenn sie nur Knochen unter dem Kleid hat
nicht wenn ihr Mund eine Skorpionhöhle ist
nicht wenn sie ihm eine stachlige Agave statt
einer süßen Feige anbietet
er gibt sie ihrem Vater zurück
wenn sie nur Töchter und keinen Sohn ihm gebiert

mein süßes Weib hat mir zwei Töchter geboren
doch ich werde sie ihrem Vater nicht wiedergeben
nicht wenn er ein juwelenbeladenes Kamel in
meine Garage führte
nicht wenn er ein Zelt voll Bauchtänzerinnen in
meinem Garten aufschlüge
nicht wenn er mir eine Frau anböte mit
Zwillingssöhnen im Leib
auf all das und mehr hab' ich gelernt zu verzichten
nicht aber auf mein süßes Weib
und auf unsere beiden unvergleichlichen Töchter

Das Muttermal

Dem Ovidius Naso gewidmet
1993

Das braune Mal auf deinem Nacken
die süße Brombeerfrucht zu kosten
juckt's mich seit langem auf den Lippen

und gestern nun als du vorbeigingst
vorbeigeh'n wolltest ist's gelungen
ich fing dich um die ranke Taille

griff ins Gestrüpp der wilden Locken
und du ein Servierbrett in den Händen
ließest geschehen was geschah

das Klirren der kristallenen Gläser
und das Wutfunkeln deiner Blicke
verrieten was du mir verschwiegst

Der vergeblich Bittende
1996

Dass mir die Worte fehlen dich zu rühren
dass mir's an Macht gebricht dich zu verführen
dass all mein Klagen nicht vermag dich zu
    erweichen
und dass dich meine Arme nicht und nicht
    erreichen

    ach wen verwundert's außer mir
    da ich den Himmel forderte von dir
    und nichts als meine Bitten bot dafür

wie konnt' ich mich so ganz und gar vergessen
und weder Wert noch Gegenwert ermessen
mein Herz voraus ins Paradies zu senden
um nun vor dir zu steh'n mit leeren Händen

    ach wen verwundert's außer mir
    dass ich die Hunde weck' vor deiner Tür
    die mich verbellen wie ein fremdes Tier

Nolite tangere
1996

Rühr' sie nicht an nein lass' sie noch gewähren
sie ist nur eben furchtsam scheut das Leiden
das sie erahnt und sucht zu wehren
dem das da kommen muss sie zu erfüllen
sie will das weiße Mädchenkleid nicht missen
will Tanz und Jugendglück noch nicht entbehren
um unbekannter Wonnen willen
will nichts von Lust und Qualen hören
wäscht heimlich ihre Blutspur aus den Kissen und
kann doch was gescheh'n muss nicht vermeiden

rühr' sie nicht an lass' sie von selbst erwachen
gönn' ihr des Frühlingsmorgens letzte Kühle
lass sie noch einmal tanzen tollen lachen
dräng sie nicht fort vom keuschen Spiele
Erfüllung kann kein Zauber je erzwingen
wart dass der eignen Sehnsucht Überreife
wie eine Frucht sie aus dem Laube streife
vertrau den heimlich wirkenden Gewalten
das Wunder will sich ohne Zwang vollbringen
halt du nur still und lass das Leben walten

Irdische Liebe
1996

Kämst du als Engel durchs Fenster zu mir
wie stellte ich's an dich zu lieben
von meines Gartens taufeuchter Erde
wären bald deine Füße geschwärzt
von meinen Küssen geknickt und zerrissen
wären bald dein sonnenseidenes Hemd
und deine schillernden Flügel

darum Geliebte komm durch die Tür
denn als Lebendige will ich dich lieben
wie eine sterbliche irdische Frau
Angstschweiß in deinen Achselhöhlen
drei Tropfen Blut auf dem Leintuch
unter Stammeln Stöhnen und Jubel
und einer Flut von salzigen Tränen

Der Hoffende
1996

Ganz ist es mir
noch nicht abgestorben das Herz
wenn's auch verwildert ist
vom vielen Unglück
und für die Heiterkeit
der Weisen verdorben

es müsste jedoch
nur eine Vogelfeder
schaukeln vom Himmel
oder ein Lächeln sich
niederlassen auf meiner Stirn
oder die Stimme gar
die mir lieb war müsste
nur einen Namen aussprechen
einen Ort eine Zahl
ach nur einen einzigen Laut

und alle Hoffnungen würden
aufs neue entspringen
wie eine Quelle
unterm Dornbusch der Wüste

Eros

1996

Der Gott ist mit dem Liebenden
und nicht mit dem Geliebten
die eig'ne Flamme heiligt
nicht fremde Huldigung
der Lieblose aber
ist dem Himmel ein Gräuel
kein Funken glüht in seiner Seele
kein Feuer in seinem Herd
kein Glanz in seinen Fenstern

der Gott ist mit dem Liebenden
und segnet seine Leiden
er nährt ihn nicht mit Speise
erquickt ihn nicht mit Schlaf
er heilt nicht seine Wunden
nimmt aber seine Schmerzen
als Opfer gnädig an
denn diese sind der Stoff
aus dem erwächst das Leben

Trennung
Nach Motiven aus Tausendundeiner Nacht
1997

Ich hab' der Liebe herbsten Trank gekostet
das Blut der Aloe ist nicht so bitter
der Rabe schrie die Trennung uns zu künden
da fuhr ich auf noch halb vom Schlafe trunken
und sah im Hofe die Kamele knien
die Treiber wagten nicht dich zu berühren
doch du stiegst auf um nordwärts fortzuzieh'n

umhüllt warst du vom dunklen Trauerflor
und ließest wortlos was geschah geschehen
du wandtest keinen Blick mehr nach dem Tor
in dessen Schatten ich nun fröstelnd lehnte
und deiner schwarzen Augen feuchte Pracht
die mir das Hirn um den Verstand gebracht
die leuchteten dem Wüstensand entgegen

ich sah dir lange nach und als der Morgen
hell wie ein Schwert aus seiner Scheide fuhr
war von den Tieren die dich mir entführten

nur mehr die Spur zu sehen auf den Wegen
so ging ich denn hinein ins Haus um drinnen
auf jenes Kissen meine Stirn zu legen
das deines Kopfes Abdruck noch bewahrte

wenn je ein Mensch vor Liebe ist gestorben
so will auch ich die Qual nicht überleben
schlaflos bin ich seit dieser Nacht wie jene
die von den Türmen in die Sterne schauen
von Tränen blind sind mir die Augen beide
dass ich das helle Tageslicht der Sonne
vom Mond am Himmel nicht mehr
    unterscheide

vor solchen Tränen mög' dich Gott verschonen
wo du auch sein magst such' mich zu vergessen
was ich gelitten habe sollst du nicht erleiden
und nie der Liebe Bitternis ermessen
mög' Allahs Hand dir deine Stirne glätten
mög' er dir meine Qual mit Freuden lohnen
und so dein Herz aus meinem Feuer retten

Ginstermädchen
1998

Zur Zeit der Ginsterblüte war es
dass mich das Blaue traf aus deinen Augen
auf Korksandalen kamst du
leichtfüßig und lautlos daher
aschblond wehte dein Haar
rostrot schmiegte sich dir
das Baumwollkleid um die Hüften

mit dem Teufel wollte ich wetten
dass du sonst keinen Faden
auf dem lüsternen Leib trugst
Hexe du leichtfüßiges Weib
deine Großmutter schnürte
gewiss noch fliegende Besen
aus den gelben Ruten des Ginsters

als du sahst dass ich zuckte getroffen
vom blauen Schrot deines Blickes
schobst du die Sonnenbrille
aus dem Haar auf die Nase
und gingst du Ginsterhexe vorüber
um dich umarmen zu lassen
von den grünen Schenkeln des Meers

Mirjana zu Liebe
1998

Mag sein dass meine Mühen nicht viel gelten
dass Träume mir in Druckerschwärze sterben
mag sein dass mein Besitz nicht reich noch selten
schon bald zerstreut wird unter meinen Erben

mag sein dass alle Lust und Qual des Lebens
nicht soviel Licht als wie ein Glühwurm spendet
mag sein dass all mein Hoffen war vergebens
und dass mit ihm auch all mein Glauben endet

doch du allein darfst mich darum nicht schelten
dass ich in Dorn und Dickicht bin geraten
dass ich mein Glück hinwarf dem Wind zum Spiel

es waren deine Augen die erhellten
den Pfad den ich gewählt aus tausend Pfaden
und Liebe war das nie erreichte Ziel

Dieses Wort ist für dich
1998

Als ich dich kennenlernte
bei künstlichem Licht
in einen groben Sack eingebunden
aus Klingsors Garten
ein knospendes Blumengewächs
warst du noch nicht majorenn

aus der väterlichen Gewalt
musst' ich dich lösen
um deiner Herr zu werden und habhaft
später erst zeigtest du mir
deine wahre Gestalt und seither
kleidet dich unvollständig mein Name

reich bist du heut' an fruchtbaren Jahren
während in Dankbarkeit ich
und nicht ganz ohne Schaudern
den Blick zurückwend' auf all die Lust
die wir einander angetan haben
und das Leid in der Fülle des Lebens

viele Rätsel hast du mir aufgegeben
wenige nur hab' ich gelöst
aber mit unseren Kindern wächst
etwas hinaus über uns beide
und mit den Kindern unserer Kinder
wuchert's schon über die Grenzen

zwar hast du dich oftmals gehäutet
doch meine Augen und Arme
erkennen dich wieder und wieder
zugebunden bist du wie je
und preis gibst du dich Liebste
nur widerstrebend

irgendetwas aber in dir
gibt mir wenn ich dich rufe Mirjana
immer noch Antwort
nicht Trost doch ein zögerndes Echo
in jener wortlosen untergründigen Sprache
die nur wir beide verstehen

Ein nicht abgesandter Brief
2001

Haarumflossene
Härchenumflimmerte
Komm' über die Dächer
Komm' übers Meer
Komm' durch das Fenster
durch den Rauchfang
oder meinetwegen auch durch die Tür

mein Bett sehnt sich
nach den bekrönten Hügeln deiner Brüste
und dem sanften Gewicht deiner Hüften
meine Leintücher sind
nach deinen Düften begierig
und meine Kissen wollen
dir den Atem verschlagen

komm also komm
du Hand- und Augenweide
und schütt' über mich
die Pracht deiner Haare

und wenn du ganz nah bist
sage mir nichts
das nicht klingt wie ein Seufzer

Der Myrtenzweig
2001

Glücklich wie die Amsel im Kirschbaum
wie das grüne Gras im Frühlingsregen
wie ein Segelflieger überm Garten Eden
war ich als du mich ansahst heut' Morgen

wie erst werde ich glücklich sein Liebste
wenn du heut' Nacht mir ein Lächeln schenkst
das mir unter das Hemd schlüpft und
einen Myrtenzweig legt mir auf das Herz

Vorbei
2001

Vorbei gegangen ist dir das Glück
auf zwei unfassbaren Beinen
vorbei an deinen aufgeschreckten Augen
an stammelnden Lippen vorbei
und an deinen schmutzigen Händen

umschlossen war das Glück
von einem wundersamen Schimmer
gleich einer gold'nen Mandorla
all deine Flimmerhaare
schrien Alarm

doch deine Hoffnungen
aus langem Eselsschlaf geweckt
erstarrten rasch an einem
herzzerstörenden Blick
aus zwei eisblau emaillierten Augen

Blick in die Ferne
2004

Wo wir beide einst gesessen
da sitze ich nun allein
und denke du hast mich vergessen
und schaue ins Land hinein

wo die ersten Krokusse sprießen
unter welkem vorjährigem Laub
windet sich vor meinen Füßen
eine Schlange träg durch den Staub

die Wolken über den Winden
zieh'n den Gebirgen zu
und wie sie allmählich entschwinden
kommt auch meine Sehnsucht zur Ruh

An eine Unbekannte
2006

Warum sind wir beide uns niemals begegnet
wir hätten einander doch fraglos erkannt
wer weiß vielleicht hat es geschneit und
    geregnet
und wir sind aneinander vorübergerannt

so geschieht es dass wir aus den Fenstern bei
    Nacht
nun himmelwärts blicken zu unseren Sternen
während Wagen Schiff oder Zug ziellos und
    sacht
uns weiter und weiter voneinander entfernen

so hab ich deinen Namen niemals erfahren
und so hat mir meine Wege niemand gesegnet
und ich bin lebenslang in die Irre gefahren
denn wir beide sind einander niemals begegnet

Forschungsbericht
2006

Auf Sansibar bin ich niemals gewesen
auch nicht in Surinam oder Tahiti
aber auf dem rettenden Ufer
deines weiß blinkenden Leibes
blieb kein Gebüsch mir
und keine Höhle verborgen
wohl vertraut sind mir all deine Gewässer
und all deine Vögel höre ich singen
bis tief hinein in meinen wegmüden Schlaf

Vision fugitive
2006

Kommt daher am lichten Tag
schaut mich an und geht vorbei
schlägt mich mit dem Wimpernschlag
bricht mir schier das Herz entzwei

ich sitz' da im Sonnenschein
das sich bunt im Glase bricht
ein Bein über'm andern Bein
sitze da und rühr' mich nicht

spür' nur einen leichten Schmerz
weiß nicht recht wie mir gescheh'n
führ' die Hand mir an das Herz
und lass' sie vorüber geh'n

Das totgeglaubte Feuer

Dem Dschelal ed-din Rumi gewidmet
2007

Du wehtest an mir
wie ein Wind
achtlos vorüber
und wecktest doch
aus der Asche die Glut

das totgeglaubte Feuer
schlug in mir auf
hell lodernd griff es
mit Flammenarmen
nach deinen Knien

wenn ich dich fasse
weh dir dann werde
ich dich verschlingen
mit heißen Zungen
bei lebendigem Leib

Malinconia
2007

Tritt her aus dem Schatten der Bäume
und leg mir die Hand auf das Haar
sag nicht dass ich schlafe und träume
und dass alles vergeblich war

das habe ich selbst längst erfahren
drum neig' ich die Stirne aufs Knie
doch deine Hand auf meinen Haaren
stillt alle Melancholie

Altägyptische Liebeslieder
Neu gefasst
2008

I
Als mir heut' Morgen das Haar
halb erst geflochten war
dachte mein Herz an dich

eilends erhob ich mich
löste die Flechten
und lief dich zu suchen

um dir Geliebter
über die Schultern
meine Haare zu breiten

II

Noch ist mein Herz nicht gestillt
Liebster von deiner Liebe
Lös' dich nicht du den ich
mit Armen und Beinen umfange

wenn sie mit Palmrutenschlägen
mich nicht davontreiben
in die Sümpfe oder die Berge
lass' ich dich nicht du den ich begehre

III

Wonnevoll ist es zum Fluss zu gehen
um dort vor deinen Augen zu baden
im Hemd aus fein gesponnenem Leinen
und mit entflochtenen Zöpfen

wonnevoll ist's ins Wasser zu tauchen
mit dir und herauszusteigen nackt
mit einem rot leuchtenden Fisch
zappelnd auf meinen Brüsten

komm blick' auf mich wonnevoll
all meine Schönheit lass ich dich seh'n
in Balsamöl ist sie gehüllt für dich
du meine Lotosblume mein Gott

IV

Kleide dich in weißes Leinen Freund
leg Myrrhen auf deinen Scheitel

salbe dich mit dem Salböl der Götter
umkränz' mit Perseazweigen die Brust

lass' Gesang und Harfenspiel dir erklingen
zieh deine Freundin sanft in die Arme

lass' dir das Herz nicht kränken sondern
genieße die Freuden die ich dir biete

die Flut geht stromab und der Wind geht
    stromauf
so geht ein jeder dahin zu seiner Zeit

und keinem ist es gewährt wiederzukehren
wenn er fortgegangen ist aus dem Leben

Seine et Oise
2008

In einer Landschaft
von farbigen Schatten
sah ich dich liegen einst
gebogen ins glitzernde Gras
mit lichtgesprenkelten Brüsten

im Haselnussstrauch
baumelte die Sandale
die du nach mir geworfen
da ließ ich den Sommerwind blättern
fortan in meinem Buch

als mein Schatten
sich über dich neigte
verdunkelten sich deine Augen
und mit dem Gekicher der Vögel
lachte hellauf mein Herz

Unterm Jasminbusch
2008

Auf einen frisch gefallenen
nie betretenen Teppich
hab' ich die Schönste der Schönen
in Blüten gebettet

sie stellte sich schlafend
ließ listig lächelnd
meine Lippen Fingerspitzen
und Blicke gewähren

ich eifersüchtig
liegend auf schmutzigen Knien
scheuchte die Bienen
von der lockenden Weide

endlich behutsam
behutsam senkte ich ganz
über die blühende Pracht
meinen Schatten

Leda und der Schwan
2009

Tagträumend lag ich
am Ufer lag ich
flüsternd sprach es
mit halb geöffneten Lippen aus mir

sanft glitt er näher
hoheitsvoll glitt er
näher glitt er und nah
öffnete sanft mir die Knie

über den Nabel hin
zwischen den Brüsten hinauf
drängte er sich über mich
suchte halsend mein Ohr

suchte und fand
und fand was er suchte
und ach wie schlossen
sich mir da die Augen

und so geschah es
dass in mir bedeckt
von schimmernden Schwingen
mein Traum sich erfüllte

Herbstliche Liebe
2009

Bei leuchtendem Himmel
kam er am Abend zu ihr
das Laub des Ahornbaums
streifte er von den Schultern

in ihrer Stube legte sie
Buchenscheite ins Feuer
und liebessatt lachte sie wohlig
halb schon im Schlaf in die Kissen

als er am Morgen danach
aus ihren Armen erwachte
fühlt' er sich freigesprochen
von all seinen Sünden

und wie er am Fenster
behutsam die Vorhänge aufzog
da schimmerte draußen
auf allen Zweigen der Schnee

Schilflied

2010

Im Schilf lagen wir beide
vom Sonnenauge belacht
die süßen Wellen des Sees
leckten uns glucksend die Füße

von den geschwätzigen Vögeln ringsum
schien sich keiner zu wundern
über das sanfte Wiegen
deines gelben Bikinis
den auf schwankenden Halmen
wir als einen Wimpel gehisst
und aufgesteckt hatten
als ging es auf große Fahrt

erst am Abend spürten
wir die Wurzeln und Stoppeln
schmerzhaft im Rücken
als wir geschniegelt und geschnatzt
beim Abschiedsfest tanzten
bei sanfter Musik
doch tröstend flüsterte mir
dein Parfum *je reviens* in die Nase

Rückblick

2010

Wie schimmern Liebste nun weiß
uns die Haare
über die Augen sinken
unmerklich und leis
die Schleier der Jahre
bald schon ermatten
uns auch die Hände
die wir von Hoffnung erregt
ausgestreckt hatten
um einander zu winken

zerfallen ist längst die Pforte
des Gartens der Schlüssel verloren
geschlossen das Dornengesträuch
über'm verwunschenen Orte
trauernd senken die Weiden
sich über den Teich
und doch waren wir einst
so schien es uns beiden
auch wenn du nun weinst
als Kinder des Glückes geboren

Wiederbegegnung

2010

Nehmen wir an wir wären
nach unzählbaren Jahren
einander wieder begegnet
auf dem Kohlmarkt zum Beispiel
du ein Tuch um die kurz geschnittenen
weißen Haare gewunden
eine Sonnenbrille über der Stirn
und du hättest an meinem Bart vorbei
und über meine Schulter hinweg
geblickt und vielleicht
einem Taxi gewunken

nehmen wir an du wärest gestern
die Haare tizianrot gefärbt
doch ohne den Glanz
den ich einst liebte
an einem Nebentisch
in einem Restaurant gesessen
mit deinem Mann

oder dem Mann einer anderen
und hättest Meerbarben gegessen
mit Mangold die noch immer
dein Lieblingsgericht wären

nehmen wir an wir wären
vor kurzem erst über zwei Stunden
im Konzert nebeneinander gesessen
du hättest mein Programmheft
dir ausgeliehen für einen Blick
und es hätten sich unsere Hände
nicht wiedererkannt
ach warum dann verlor'ne Geliebte
all die hilflosen Nachtträume
die Sehnsuchtsschreie und die
vieltausend Lust- und Marterqualen

Der Kirschbaum
2010

Eine Amsel tut sich
nach dem Regen im Kirschbaum
gütlich an gestohlenen Früchten

so glücklich war auch ich einst
als ich mit dir Liebste schwamm
im sonnenspiegelnden Wasser

und glücklicher noch war ich danach
als ich die Früchte die roten
raubte die sich mir boten

Abschied

2010

Auf einer Mauer saßen wir
und blickten hinaus auf das Meer
voll war uns das Herz
doch unser Mund war leer

du benetztest am Strumpf
eine geöffnete Masche
und kramtest ratlos
in deiner Tasche

ich sah die Wellen
ersterben am Strand
und der Wind verwehte
dort Spuren im Sand

ich sagte das waren
Spuren von Kinderzehen
da sah ich die Augen
dir übergehen

Erinnerung
2010

Schön warst du
als ich Geliebte dich sah
lächelnd zum ersten Mal

schön warst du
als du im Arme mir lagst
weinend in Lust und in Qual

aber nie warst du schöner
als in der Abschiedsstunde
mit weinenden Augen und lächelndem Munde

Stille Trauer
2011

Ich hab die Frau gekannt in ihren
    Mädchenjahren
ob ich sie je geliebt hab' weiß ich nicht mehr
    recht
nun steht sie da mit einem Kranz von weißen
    Haaren
man nennt mir ihren Namen ich versteh' ihn
    schlecht

doch als sie lächelt ist's als könnt ich mich
    erinnern
und als sie mir die welke Hand zum Kusse
    reicht
da spüre ich ein Flackern schmerzlich tief im
    Innern
das nur allmählich einer stillen Trauer weicht

Sehnsuchtsruf

Iwan Turgeniew gewidmet
2011

Komm über'n Hügel mit rauschenden Schritten
komm durch die Brenneselstauden zu mir
komm auch vorbei an den Zäunen und Hütten
komm denn ich hab zu viel schon gelitten
komm in den verwilderten Garten zu mir

auch wenn der Himmel grollt und gewittert
komm endlich komm doch und poch an die Tür
nicht an die Fenster denn die sind vergittert
tritt gegen die Türe bis sie zersplittert
komm doch ich sterbe vor Sehnsucht nach dir

Sappho

2012

Wenn der Mond seinen Milchkrug
auf die schwarzen Wasser
des Meers gießt
hock' ich mit hoch
an den darbenden Leib
gezogenen Knien
auf den Steinen der Küste
und denke an dich

an dich die du einst
auf sonnengewärmten Steinen
eben hier mit mir lagst
nach Rosmarin duftend
nach Minze und Salz
und von blondem Sand
bedeckt die Schweißspuren
auf deiner glitzernden Haut

wehe mir Einsamen nun
wehe mir hoch auf den Klippen
dreimal wehe aber wenn du

in fernem Land
weit jenseits des Meeres
in stärkeren Armen liegst als den meinen
und glücklich genug bist
um mich zu vergessen

Ebenso erschienen in der
EDITION ROESNER:

Richard Bletschacher
Erzählungen
aus dem Abseits

2014
ISBN 978-3-902300-84-3

www.edition-roesner.at